AF460723

21 Mars 1881
Nice

NICE - 21 Mars 1881

COLLECTION DE M. F. DE LAUNOY

CATALOGUE

DES

OBJETS D'ART ET D'AMEUBLEMENT

Salle Orientale

TABLEAUX

Dont la Vente aura lieu

Par le ministère de Mᵉ GINESY, Notaire à Nice,

Assisté de M. GASTON POULET, expert à Paris,

Demeurant 37 bis, Avenue du Roule (Neully-Paris),

Les Lundi 21, Mardi 22, Samedi 26, Lundi 28 Mars et jours suivants,

à une heure 1/2 précise,

à NICE, Promenade des Anglais, 29

Expositions de 2 à 5 heures ;

Particulières, avec cartes : les Jeudi 17, Vendredi 18, Samedi 19 Mars ;

Publique : le Dimanche 20 Mars.

S'adresser pour tous renseignements : à Nice, 7, Jardin-Public (A NOS ANCÊTRES); à M. GASTON POULET, expert, chargé de la vente, *qui remplira aussi les commissions.*

NICE

Imprimerie et Lithographie A. GILLETTA

Place St-Dominique, 2, et Descente Crotti, 6

COLLECTION DE M. F. DE LAUNOY

CATALOGUE

DES

OBJETS D'ART ET D'AMEUBLEMENT

Salle Orientale

TABLEAUX

Dont la Vente aura lieu

Par le ministère de M° GINESY, Notaire à Nice,

Assisté de M. Gaston POULET, expert à Paris,

Demeurant 37 bis, Avenue du Roule (Neully-Paris),

Les Lundi 21, Mardi 22, Samedi 26, Lundi 28 Mars et jours suivants,

à une heure 1/2 précise,

à NICE, Promenade des Anglais, 29

Expositions de 2 à 5 heures ;

Particulières, avec cartes : les Jeudi 17, Vendredi 18, Samedi 19 Mars ;

Publique : le Dimanche 20 Mars.

S'adresser pour tous renseignements : à Nice, 7, Jardin-Public (A NOS ANCÊTRES), à M. GASTON POULET, expert, chargé de la vente, *qui remplira aussi les commissions*.

CONDITIONS DE LA VENTE

La vente sera faite au comptant.

Les acquéreurs paieront cinq pour cent en sus du prix d'adjudication, applicables aux frais.

Les lots pourront être réunis ou divisés au gré de l'Expert.

Les lots adjugés devront être retirés dans les vingt-quatre heures qui suivront l'adjudication.

Ils sont à partir du moment de l'adjudication aux risques et périls de l'acheteur.

A défaut de paiement par l'adjudicataire, les objets seront remis aux enchères et la différence, s'il en existe une, sera supportée par lui.

Les expositions mettant le public à même d'examiner les objets et de s'en rendre compte, aucune réclamation ne sera admise une fois l'adjudication prononcée.

En cas de contestation sur deux enchères, l'objet sera remis immédiatement en vente.

Voir à la fin du catalogue l'ordre des vacations.

Un goût fin et délicat, une sévérité éclairée a présidé à la formation de cette collection, fruit de laborieuses recherches et d'impitoyables épurations.

C'est au moment où elle a atteint sa plus grande pureté que Monsieur F. de Launoy se décide, non sans regret, à s'en séparer et à quitter son somptueux appartement de la promenade des Anglais. Mais, cédant aux sages conseils de la science et aux instances pressantes de ses nombreux amis ; il est bien obligé de reconnaître que sa santé s'accommode de moins en moins d'un séjour si rapproché de la mer.

Cette collection se compose de : Bronzes d'art et d'ameublement ; magnifiques tentures de soie brodée et autres, porcelaines de Sèvres, Saxe, de Corée, de Chine et du Japon, Boîtes, Bonbonnières, Miniatures, Tableaux de Maitres, Meubles précieux, le tout d'un choix exceptionnel.

Une salle offrant tout le confort de l'Orient, a toujours excité l'admiration des amateurs.

A Paris comme à Nice, on connait et apprécie la collection de Monsieur De Launoy, et on peut dire, sans exagération, qu'à Nice, le Français qui la vante n'apprend rien à l'Etranger.

Cette considération seule, nous dispense de longs développements. D'un autre côté les trois jours que nous avons pour rédiger le catalogue, sont absolument insuffisants pour donner aux articles une ampleur de description proportionnée à leur importance.

Nous ne pouvons donc avoir d'autre prétention que d'ébaucher un livret destiné à faciliter pendant les expositions, la visite de la collection, aux personnes qui n'ont pas eu l'occasion de la voir précédemment.

Pour celles qui l'ont déjà visitée il servira de memento propre à fixer leur attention sur les objets qui leur conviennent.

ANTICHAMBRE

—

Cette belle antichambre, de style persan, dans le même goût que la grande salle orientale, décrite plus loin, pourrait être vendue en bloc avec elle pour l'augmenter :

1. — 5 Portières persanes de différents dessins.

2. — 5 Banquettes en bois avec coussins recouverts de tapis persans.

3. — 5 Panneaux, broderie orientale sur fond de drap, dont un avec parties brodées de fil d'or.

4. — 1 Grand tapis de pied persan.

5. — Carreaux en faïence émaillée recouvrant les murailles, surmontés d'un joli fronton également en faïence de style persan.

6. — Fontaine monumentale en faïence émaillée de même style.

7. — Lanterne persane en bronze doré à jour.

8. — Grande table, pieds à balustres, avec incrustation d'ivoire.

9. — Grande jardinière émail cloisonné.

10. — Table quadruple en laque noir et or, à dessins variés, constructions orientales et paysages.

SALON

—

11. — 2 Meubles d'appui en bois de rose garnis de bronzes de style Louis XIV, se faisant pendants avec panneaux anciens en vernis de Martin, réprésentant des oiseaux et des moutons dans des paysages.

12. — Bureau de Boule a trois faces.

13. — Petite table-bureau, marqueterie de bois de citronnier et de palissandre, époque Louis XV, à gracieux contours avec galerie et bronze doré.

14. — Petite table-bureau Louis XVI, avec galerie et ornements en bronze doré.

15. — Etagère japonaise à tiroirs, en partie sculptée et laquée, avec plaques de bronze damasquinées or.

16. — Grand guéridon avec incrustation de nacre.

17. — Pupître de musicien finement sculpté, de style Louis XV.

18. — 2 Consoles, se faisant pendants, de style Louis XVI, en bois de noyer sculpté, avec galerie à jour et dessus de marbre.

19. — Belle cheminée en marbre griotte avec ornements en bronze.

20. — Grande pendule en bronze représentant le Temps, sur socle en marbre griotte et bronze.

21. — Paire importante de candelabres, Nègre et Négresse supportant un faisceau de neuf lumières.

22. — Grand lustre à dix-huit lumières.

23. — Belle et grande glace dans un cadre bois noir avec ornements en bronze.

24. — « Ces 5 pièces en bronze ciselé et poli, de style
« Louis XIV, d'une facture remarquable, sor-
« tent de la maison Denière de Paris. »

25. — Girandoles à cinq lumières : Faune assis sur un léopard — Pomone et l'Amour, même fabrication.

26. — Paire de jolis chenets bronze Louis XV, à personnages chinois.

27. — Ecran Louis XIV, en tapisserie de soie au point avec fils d'argent, dans un cadre en bois sculpté et doré.

« Cette tapisserie représente au centre le Char du
« Soleil, et aux angles les quatre Saisons. »

28. — 2 Colonnes torses avec chapiteaux en bois de chêne, ornements dorés, formés de ceps de vigne et grappes de raisins.

29. — 2 Bustes en marbre polychrôme : Nègre e Négresse.

30. — 2 Buires Louis XV, céladon bleu, monture bronze doré aux Roseaux.

31. — 2 Bustes Louis XIV, bronze noir et ornements

dorés, sur socles futs en marbre et base en bronze.

« Ces deux pièces remarquables de travail et « d'expression réprésentent Diane et Jupiter « Olympien. »

32. — 2 Statuettes en bronze noir Louis XVI, homme et femme assis, d'après Callot.

33. — 2 Grands vases à quadruple face, montés en lampe, en bronze noir du Japon, damasquiné or.

34. — 2 Moutons en Saxe, belle qualité.

35. — Groupes Louis XIV, en bronze sur socle, en marqueterie de Boule : Ces groupes représentent l'Enlèvement d'Europe et le Centaure Chiron.

36. — 2 Pintades en Saxe Louis XV, belle qualité, montées sur socle bronze doré.

37. — 2 Vases de forme olive, sur pieds, en bronze japonais avec décor à personnages en haut relief.

38. — Grande et belle vasque, sur un haut socle en bois de fer, en bronze du Japon avec décor de paysages et personnages.

39. — 2 Magnifiques vases en porcelaine de Corée, à feuilles de Chrysantèmes, décorés à Satzouma, figures de guerriers et de hauts dignitaires, haut. 0^{m} 80.

40. — Brûle-parfums quadrangulaire à anses, en bronze du Japon.

41. — Vasque à anse mobile en bronze, décor de têtes d'hommes.

42. — Jardinière française Louis XVI, en bronze et marbre rouge antique, avec bas-reliefs finement ciselés, dans la manière de Clodion.

43. — Grande potiche à couvercle en porcelaine craquelée à fond grisâtre, décor polychrôme d'oiseaux fantastiques et paysages, haut. 0^{m} 80.

44. — 2 Jardinières orientales de forme rectangulaire, supportées par des Tortues, en bronze doré et ciselé avec ornements en nacre.

45. — Petite vasque bronze japonais, sur socle en bois sculpté représentant un Dragon.

46. — Coffret à bijoux Louis XIII, orné de sept peintures sujets mythologiques.

47. — Grand vase formant lampe en émail cloisonné du Japon, monture bronze.

48. — Petit vase brûle-parfums, bronze japonais, avec couvercle surmonté d'un dragon.

49. — Etui à pinceaux, bronze japonais à feuilles de chrysanthème, décors en or; oiseaux et paysages en haut relief.

50. — Vasque à anse mobile du XVIme siècle, en bronze doré, ornements : têtes d'anges et de chimères.

51. — Blague à tabac japonais, suspendue à une chaîne de cinq médaillons en ivoire finement sculptée, et supportée par un bronze : animal fantastique.

52. — Vasque sur socle en bois de fer, en céladon bleu turquoise.

53. — Petite bouteille à grosse panse en céladon bleu foncé.

54. — Coffret en laque doré, décor d'oiseaux.

55. — Grande bouteille en vieux céladon flambé.

56. — Jardinière à anse en porcelaine de Chine, de forme gracieuse.

57. — Joli groupe à toutes faces en ivoire japonais, à cinq personnages formant un concert.

58. — Lot d'ivoires anciens, tous intéressants.

59. — Console Louis XV, bois doré et sculpté, décor à jour.

60. — Cavalier en Saxe première qualité : Officier polonais.

61. — Miniature de Charrier : Jeune fille surprise au bain.

62. — Fixé : scène champêtre d'après Téniers.

63. — Bonbonnière en vernis de Martin, avec miniature : Le modèle honnête, de Moreau.

64. — Vase en forme de coquille, en bronze ancien.

65. — 2 Grands fauteuils peluche et brocart de Gênes.

66. — Divan peluche et broderie ancienne.

67. — Canapé satin avec applications de broderies anciennes.

68. — Bout de pieds du même genre.

69. — Fauteuil recouvert de velours de Gênes, du XVIme siècle.

70. — Fauteuil brocart or et argent.

71. — Chaise longue couverte d'un tapis en peluche verte, avec application de broderies anciennes.

72. — Fauteuil Louis XIV, à dossier élevé, avec coussin en velours de Gênes.

73. — 6 Tapis orientaux jetés sur un fond de moquette rouge.

74. — 3 splendides portières en broderie de soie au passé, représentant au centre des sujets mythologiques, avec riche bordure de fleurs dominés par des Amours se jouant dans des guirlandes de roses et d'œillets.

75. — Paire de rideaux de fenêtres en brocatelle ancienne.

76. — Paire de doubles grands rideaux en quinze-seize jaune.

77. — Stores plissés et petits rideaux.

Les tableaux des différentes pièces sont réunis à la fin du catalogue.

SALLE ORIENTALE

—

78. — 3 Magnifiques Portières en cachemire des Indes, — dont 2 avec baldaquin, hauteur 3m 75, largeur 2m 25.

79. — Tapisserie Japonaise (Chasse au Sanglier), brodée en relief fond or; hauteur 2m 25, largeur 1m 50.

80. — Tapisserie japonaise (fond bleu), Personnages en relief; hauteur 2m 20, largeur 1m 30.

81. — Grand Divan recouvert d'un tapis de Smyrne. Pièce rare et de 1er ordre; 5m 35 longueur, 1m 90 largeur.

82. — Petits Divans, tapis de Smyrne.

83. — Chaise longue en velours grenat recouverte d'une magnifique étoffe en velours bleu, brodée de soie et or (Oiseaux à fleurs).

84. — 14 Coussins et oreillers, étoffes de soie brodées d'or, etc.

85. — 3 Tapis de pieds orientaux.

85. — Tapis de table, étoffe de Chine à Dragon personnages et oiseaux.

87. — Tenture de Mosquée brodée, divisée en 9 compartiments, Vases à fleurs.

88. — Cheminée monumentale en Faïence émaillèe, style Persan.

89. — 2 Grands panneaux en Faïence émaillée, même style

90. — 4 Colonnes avec chapiteaux et soubassements surmontées de 4 plaques Faïence émaillée, même style.

91. — 7 Plaques de revêtement en Faïence émaillée.

92. — 4 Vitraux ornements Persans.

93. — Etagère en Faïence émaillée, d°.

94. — Magnifique Lampe Orientale en cristal émaillé en relief (pièce moderne).

95. — Brûle-parfums en bronze, forme quadrangulaire à couvercle à tortues et boule cristal de roche.

96. — 4 Fauteuils bas, étoffes de soie.

97. — Pouf recouvert en soie rouge brodée d'or.

98. — 2 Lions en bronze de Chine forme chenets.

99. — 2 Petits vases en bronze à incrustations dorées

100. — Oiseau fantastique en bronze du Japon.

101. — Brûle-parfums avec socle en bronze.

102. — Pêcheur de grenouilles, en bois sculpté très ancien.

103. — Guerrier japonais en bois doré, sur son socle sculpté.

104. — Vase en jade vert, à anses, avec petit socle, et étui.

105. — Mulet en bronze du Japon, avec socle en bois de fer.

106. — Divinité indienne en bronze doré.

107. — 2 Personnages japonais en bois sculpté sur socle, tortue fantastique.

108. — 4 Pièces porcelaine Satzouma : — sceau — pot — chat — petit vase a anses.

109. — Cerf en terre émaillée.

110. — Coq en porcelaine de Chine

111. — Chien id. id.

112. — Cheval fantastique, bronze japonais.

113. — Pèlerin, bronze japonais, socle de bois de fer

114. — 3 Animaux bronze, formant brûle-parfums.

115. — Buire porcelaine de Chine, forme casque.

116. — Bouteille porcelaine Chine.

117. — Guerrier japonais en grès émaillé

118. — Jolie petite cafetière en bronze.

119. — Cloche en bronze avec ornements riches en relief.

120. — 2 Narghileh.

121. — 2 Plateaux-Satzouma a personnages.

122. — 5 petits id. id.

123. — Grand bol en bronze de Chine.

124. — Coffre en bois de fer laqué avec couvercle et ornements de nacre en relief.

125. — Petite jardinière ronde en bronze émaillé.

126. — Grand vase (forme bouteille) à fond bleu.

127. — Grand vase (forme bouteille) fond blanc.

128. — Buire en cuivre émaillée a dessins Polychromes.

129. — 6 Personnages en Satzouma, très belle qualité, différentes grandeurs.

130. — Différentes pièces en Satzouma, bol, cafetière, 5 statuettes.

131. — 2 colonnes en porphyre (haut. 1^m 10, diamètre 0, 26).

132. — 2 Vases porcelaine de Chine formant candelabres à 7 lumières (haut. 0^m 67).

133. — Meuble-étagère en bois de fer.

134. — Tam-tam, monture bois de fer.

135. — 2 Meubles d'appui en bois de fer, avec incrustations en nacre.

136. — 2 Magnifiques vases (cornets) en ivoire avec application en relief de nacre, corail, etc., avec leurs soubassements en laque, (haut. 1^m20).

137. — 4 Tabourets orientaux à incrustation de nacre.

138. — Console à quatre pieds, en bois de fer (hauteur 0.80).

139. — Vase en porcelaine de Chine, jaune, formant Lampe, monté en bronze (haut. 0.47).

140. — Grand bronze japonais, représentant une Divinité sur un Dragon (pièce très-importante).

141. — Statuette (femme) porcelaine Chine.

142. — Statuette (femme indienne) en bronze avec socle bois de fer.

143. — Boite en palissandre, (couvercle à relief, à animaux, en laque doré (du Japon).

144. — Petit vase en ivoire de Chine, finement sculpté.

145. — Lampe en bronze noir.

146. — Divinité indienne, en bronze argenté, avec socle même métal.

147. — Lampe en bronze du Japon.

148. — Guerrier, porcelaine du Japon (pièce très-rare).

149. — Guerrier (Satzouma).

150. — Vase plat en émail cloisonné.

151. -- Gondole en Jade, sur pied-socle en bois de fer, finement sculpté.

152. -- Coupe en Satzouma, sur socle en bois sculpté et doré.

153. -- Petite coupe en émail cloisonné sur son socle en bois de fer sculpté.

154. -- Plusieurs bonbonnières et petits objets divers en vieux laque, belle qualité.

CHAMBRE A COUCHER

155. -- Grande et belle pendule Louis XV, en bronze doré et ciselé.

156. -- Paire de candélabres Louis XVI, à trois branches, en bronze doré et finement ciselé, sur socle marbre fin vert de mer et bronze : sujets Amours chasseurs debout en bronze noir.

157. -- Jolie paire de vases à couvercles, porcelaine de Sèvres bleu de roi, avec fine monture bronze doré Louis XVI.

158 -- Chenets Louis XVI, bronze doré, avec sphynx bronze noir.

159. -- Grande et belle glace Louis XVI, dans un cadre en bois sculpté et doré.

160. -- Bureau-applique Louis XIV, avec bronzes dorés (meuble rare).

161. -- Encoignure Louis XVI, à dessus de marbre à canneïures de cuivre.

162. -- Autre encoignure Louis XVI, avec montants cannelés en cuivre.

163. -- Commode Louis XVI, à dessus de marbre brèche.

164. — Guéridon Louis XVI à galerie de cuivre et dessus de marbre.

165. — Colonne Louis XVI acajou à cannelures de cuivre et guirlandes en bronze doré.

166. — Chevalet supporté par deux Amours en bois doré et orné d'une gracieuse tenture en damas rouge bordée de franges.

167. — Bureau Louis XVI, surmonté d'une bibliothèque avec glaces, Galerie et bronze doré.

168. — Grand lit en acajou et bronze doré de style Louis XVI.

169. — Table de toilette Louis XVI, à dessus de marbre, bois d'acajou cannelé de cuivres, formant aussi table de nuit.

170. — Toilette-Bureau Louis XVI, bois de rose avec marqueteries de fleurs.

171. — Beau-Paravent Louis XVI, à 6 feuilles ; monture en bois d'acajou signée ; feuilles lampas animaux et personnages.

172. — Ecran broderie Louis XVI, dans un cadre bois sculpté et doré.

173. — Grande harpe, Louis XVI, en bois sculpté.

174. — Meuble étagère japonaise avec tiroirs laqués noir et or et ornements en bronze doré et ciselé.

175. — Canapé Louis XVI, Tapisserie de Beauvais, dossier : Colin-Maillard ; siége : sujet de chasse.

176. — Grand divan oriental avec coussins.

177. — 2 Fauteuils et 2 chaises Louis XVI, bois doré et sculpté, recouverts en soie brochée.

178. -- 2 Chauffeuses étoffe orientale.

179. -- Chaise recouverte d'étoffe de soie Louis XVI.

180. -- Grande et belle vasque porcelaine de Chine sur son socle en bois de fer.

181. -- Grande vasque en porcelaine du Japon à décors à fleurs bleues sur socle bois de fer.

182. -- 2 Vases à couvercle, en marbre rouge, style Louis XVI, monture bronze.

183. -- Bougeoir de bouillotte à 2 lumières en bronze doré style Louis XVI.

184. -- Grand vase en marbre Louis XVI, avec ornements en bronze finement ciselé.

185. -- 2 Statuettes bronze noir Louis XVI : Actéon — Vénus et l'Amour.

186. -- Bel ivoire commencement du XVIe siècle Mater Dolorosa.

187. -- Ivoire du XVIIIe siècle ; Vierge à l'Enfant.

188. -- Baromètre en bois sculpté et doré, époque Louis XVI.

189. -- Thermomètre en bronze finement ciselé et doré, style Louis XVI.

190. -- Buste de Louis XVII, en marbre.

191. -- Jardinière-applique en Sceaux.

192. -- Christ en bois sculpté sur fond velours de Gênes rouge, dans un cadre bois sculpté et doré.

193. -- Suspension de style Louis XVI, en bronze doré et ciselé — Pièce remarquable.

194. -- Amour en bois sculpté.

195. -- Lampe orientale en grès émaillé,de différentes couleurs.

196. -- Encrier en laque du Japon aventuriné.

197. -- Boîte en bronze brun japonais, de forme gracieuse à sujets en relief, damasquiné or et argent.

198. -- Petit étui Louis XV, avec garniture finement ciselée.

299. -- 2 Statuettes bronze : Voltaire et Rousseau.

200. -- Jardinière en bronze japonais, de forme ronde.

201. -- Autre jardinière : Vase à anses sur un socle à cônes.

202. -- Peinture russe dans son encadrement, en métal finement ciselé.

203. -- Boîte en laque aventuriné à décor de tortues.

204. -- Biscuits de Sèvres : Vénus et l'Amour.

205. -- Lot de Statuettes ; Huilier, Beurrier, Trembleuse, Tasses avec Soucoupes, en porcelaine de Sèvres, Saxe, Mayence, etc.

206. -- Boîte laque aventuriné en forme de losange.

207. -- Coupe à trois pieds en craquelé, décor de personnages.

208. -- 1 Plateau en écaille piquée or

209. -- Boîte en bronze doré Louis XV, à sujet de chasse.

210. -- Flacon à odeur, émail de Saxe.

211. -- Paire de grands rideaux, soie brochée verte, et rouge.

212. — Galeries et baldaquins et rideaux de lit de même étoffe — Glands assortis.

213. — Doubles rideaux en quinze seize.

214. — Stores bouillonnés, etc.

215. — 4 Grands et 1 petit tapis Persans.

216. — Salle de bain ; Baignoire en marbre blanc.

217. — Appareil à gaz pour faire chauffer l'eau.

218. — Petite table à sept pieds.

219. — Tapis de Smyrne.

220. — Grand tapis de pied; Stores de fenêtre, etc.

221. — Dans le Cabinet de Toilette ; Pendules bronze noir, de style Louis XVI, sur socle marbre blanc, sujet : Vénus et l'Amour.

222. — Paire de Candelabres de même style, à six lumières, bronze noir et doré.

223. — Paire de petits flambeaux à trépieds, bois noir et doré.

224. — Tapis de Smyrne, tapis de pied, stores, etc.

SALLE A MANGER

—

225. — Grande table, à trois allonges en bambou.

226. — 3 Etagères en bambou.

227. — 9 panneaux et 2 dessus de porte en faïence émaillée de style oriental, avec encadrements en bois de bambou.

228. — Huit chaises en bambou.

229. — Paravent oriental, à 2 feuilles.

230. — Cheminée avec plaques en faïence émaillée, de style oriental.

231. — 2 Chimères pour chenets, bronze persan.

232. — Personnages Chinois, assis, en terre cuite émaillée.

233. — Grand lustre, à 16 lumières, de style persan.

234. — Paire de Candélabres, à 7 lumières, même style.
« Ces trois pièces en bronze poli sortent de la maison Denière. »

235. — Dragon aîlé en bois peint, soutenant le lustre.

236. — Beau panneau Japonais, en tapisserie de soie à sujets Chinois.

237. -- Grand et beau dessus de table en soie jaune brodée.

238. -- Grand et beau tapis de Perse.

239. -- 2 Rideaux et une portière en cachemire des Indes.

240. -- Vitraux de style Oriental.

241. -- Dans le couloir : 2 Bustes en marbre Louis XIV : Impératrice et Empereur romains.

242 -- Huit Gravures en couleur, Ecoles Française et Anglaise

243 -- 2 Suspensions en bronze doré avec globes.

244 -- Petit divan recouvert d'un tapis de Smyrne.

CABINET DE TRAVAIL

—

245. -- Bureau plat Louis XV, garni de bronzes ciselés et dorés.

246. -- Fauteuil de bureau Louis XV, bois sculpté.

247. -- Grande bibliothèque de Boule.

248. -- Ecran Louis XV, en tapisserie au point, dans un cadre bois naturel sculpté.

249. -- Magnifique petite table d'accouchée, Louis XV, formant bureau-toilette.

250. -- Meuble étagère à tiroirs Louis XVI, galerie et ornements en bronze doré.

251. -- 2 Colonnes Louis XVI, en acajou à cannelures de cuivre.

252. -- 2 Petites consoles Louis XIV, à têtes d'enfants, en bois sculpté et doré.

253. -- Grande et belle potiche en céladon bleu, avec monture rocaille en bronze doré.

254. - Grande mappemonde suspendue à une chaîne en bronze.

255. -- Très-belle glace à biseau dans un cadre en bois sculpté Louis XIV, avec double médaillon, peintures grisailles, école de Boucher.

256. — Buste de Trajan en bronze, du XVIe siècle, aux armes de Sicile.

257 — Statuette du XVIe siècle en bois sculpté, représentant Bacchus enfant.

258. — Miroir à fronton en bois sculpté.

259. — Buste de Bacchante en terre cuite.

260. — Cornet en porcelaine craquelée, à fleurs en relief.

261. — Vase à côtes en bronze du Japon.

262. — Potiche en céladon bleu.

263. — Plateau creux en porcelaine craquelée.

264. — Paire de chandeliers, Louis XV, bronze doré, décor rocaille.

265. — Autre paire de chandeliers en bronze doré, Enfants entrelacés.

266. — Encrier en bronze du Japon, soutenu par deux enfants, couvercle à divinité assise.

267. — Vase de forme allongée porte-bouquet en bronze du Japon.

268. — Petite vasque en émail cloisonné, belle qualité, sur socle en bois de fer.

269. — Bonbonnière ivoire japonnais.

270. — Socle en bois burgauté.

271. — Canapé recouvert en étoffe orientale.

272. — Paravent à 4 feuilles, broderie orientale sur drap.

273. — Portière sur soie fond vert à broderie polychrôme, oiseaux et fleurs.

274. — 2 Grands rideaux verts en damas de soie bordés de franges rouges.

275. — Petits rideaux de fenêtre. Stores bouillonnés, lambrequins de fenêtre et de cheminée en broderie sur fond soie blanche.

276. — 4 Glands de soie rouge et or.

277. — Grand tapis turc.

278. — Joli petit tapis persan d'un très-beau travail.

279. — Tenture en damas de soie rouge, Louis XIV, couvrant les murs.

280. — Plafond brodé de fleurs sur fond soie blanche.

TABLEAUX

—

SALON

—

Van-Loo.

281. -- Portrait en pied de Louis XV, assis, en grand costume de Cour, le sceptre à la main. (Toile haut. 172, larg. 120).

Philippe de Champaigne

282. -- Portrait de la duchesse de Chevreuse, assise, en toilette de cérémonie. (Toile hauteur 120, larg. 93).

Tocqué

283. -- Portrait de Lekain, artiste de la Comédie française. (Toile haut. 74, larg. 57).

R. Tournières.

284. -- Portrait de grande dame. (Toile hauteur 80, larg. 66).
285. -- Portrait de Seigneur, copie. (Toile haut. 80, larg. 66).

Largillière.

286. -- Jeunes enfants se donnant le bras. (Toile haut. 90, larg. 74).

Rigaud.

287. -- Portrait de magistrat. (Toile hauteur 90, larg. 72).

Mignard.

288. -- Portrait de dame de la Cour. (Toile ovale, haut. 41, larg. 32).
289. — Autre portrait de dame faisant pendant.

A. Cuyp (Ecole de).

290. — Paysage, Panneau. (Haut. 40, larg. 55.)

Paul Potter (Ecole de).

291. — Vaches paissant (Panneau haut. 38, larg. 30).

Breughel de Velours (Ecole de).

292. — Moulins dans un paysage hollandais. (Cuivre, haut. 19, larg. 24).

Le Bassan.

293. — Scène pastorale. (Panneau, haut. 23, larg. 30).
294. — Scène pastorale, pendant de la précédente.

Moreau.

295. — Toilette pour le bal masqué. (Toile, haut. 31, larg. 25.

De Witt.

296. — Plafond en peinture, Amours se jouant dans les fleurs. (Toile 6^{m} 00 sur 5.70).

CHAMBRE A COUCHER

—

Natoire.

297. -- Vénus désarmant l'Amour. (Toile, haut. 70, larg. 116).

298. -- Pendant du précédent.

Latour (Ecole de).

399. -- Portrait de Seigneur. (Pastel).

Vigée Lebrun (Attribué à)

300. -- Portrait de Louis XVI enfant. (Toile haut. 114, larg. 96).

Coypel.

301. -- Gracieux sujet mythologique. (Toile, haut. 42, larg. 51).

Drouais.

302. -- Pastel : Portrait du Comte d'Artois.

Ecole Française.

303. -- Joli portrait de jeune femme. (Toile, haut. 80, larg. 63).

304. -- Portrait de jeune fille, pendant du premier. (Toile, haut. 80, larg. 63).

Parrocel.

305. -- 2 Gouaches sujets de chasse.

Baudouin.

306. -- 2 Gouaches sujets gracieux.

307. -- Sous ce numéro seront vendues environ quinze miniatures.

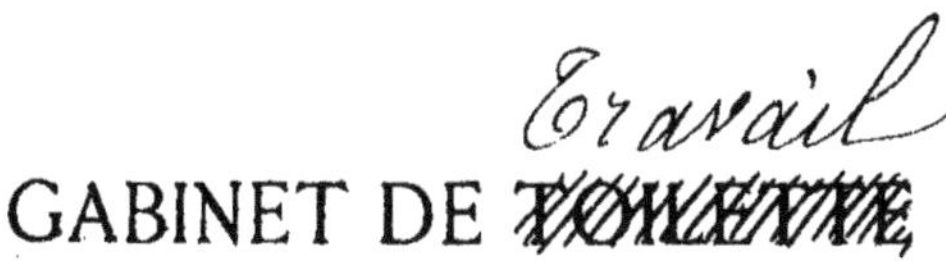

GABINET DE ~~TOILETTE~~ Travail

—

Hals (Frans)

308. -- Portrait d'homme. Vu jusqu'à mi-jambe, la tête de trois quarts coiffée d'un chapeau à large bord, l'œil fin regardant le spectateur. (Toile remarquable, haut. 138, l. 94).

Corrège.

309 -- Danaë. (Tableau important, haut .77. l. 96).

Franck.

310. -- La Cène. (Cuivre, haut. 40, l. 30).

Boucher (Ecole de)

311 -- Jeune femme en lecture. (Toile, h. 50, l. 36).

Reynolds.

312. -- Vénus et l'Amour. (Toile, h. 62, l. 48).

Hogarth.

313 -- Scène de buveurs avec effets de lumière. (Toile, h. 70, l. 86).

Van-Loo (Michel)

314. -- Beau portrait de jeune femme. (Toile ovale, h. 90, l. 70).

315. -- Tête de Christ. (Toile, h. 30, l. 24).
316. -- Sujet de sainteté. (Cuivre, h. 34, l. 22).

(Ecole Italienne)

317. -- Très beau dessin, Amours. (H. 32, l. 45).
318. -- Pastel représentant un jeune homme.
319. — Beau Pastel : Jeune femme dans un parc. (H. 27, l. 22).

(Ecole Française)

320. — Beau Pastel : Pendant du précédent.
321. — **GILANDI :** Procession dans la campagne de Novare. (Jolie peinture sur bois, h. 15, l. 11).

(Ecole Italienne moderne).

ORDRE DES VACATIONS

—

Lundi 21 Mars :	Salon.
Mardi 22 »	Continuation du Salon, Chambre à coucher.
Samedi 26 —	Suite de la Chambre à coucher, Salle à manger.
Lundi 28 —	Cabinet de Travail.
Mardi 29 *Mercredi 30*	Salle Orientale, Antichambre.
Jeudi 31 —	Tableaux.

La Vente commencera chaque jour, à 1 heure 1/2 précise.

www.ingramcontent.com/pod-product-compliance
Ingram Content Group UK Ltd.
Pitfield, Milton Keynes, MK11 3LW, UK
UKHW020513180726
13839UKWH00005B/2055

9 782329 490083